たのしい
東京メルヘン倶楽部

TOKYO
MAERCHEN
CLUB

【 東京メルヘン倶楽部のあゆみ 】

♡	しずりん、SNSでミラにコンタクト
2021.7.22	東京メルヘン倶楽部結成、『V系っぽいハム太郎』を投稿
2022.4.1	山陰観光連盟とのコラボ動画配信。鳥取メルヘン倶楽部に
2022.4.9	初YouTubeライブ配信
2022.4.11	愛知県警察公式チャンネルとのコラボ動画配信
2022.6.20	初ワンマンライブ メルヘンおゆうぎ会開催
2022.8.1	メルヘンおたんじょうび会 ～しずりん編～開催
2022.8.9	やみのうたげVol.8～まかいのなつやすみ～出演
2022.9.8	メルヘンおたんじょうび会 ～ミラ様編～開催
2022.9.17	TOKYO CALLING 2022出演
2022.10.7	『たのしい東京メルヘン倶楽部』刊行

★なまえ　**ミラ**

★たんとう　厨二担当

★おたんしょうび　9月2日生まれ

★けつえきがた　B型

★ついったー　mila_oji_san

★理想的な1日の過ごしかた★

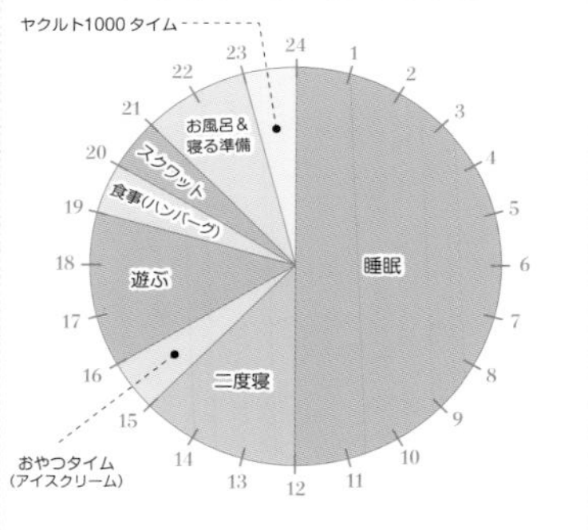

家族構成	父、母、姉、テツ(犬)、ミラ
一人称	“わたくし”。普段は“ワイ”
長所	あまり怒らない
短所	面倒くさがり
趣味	ウォーキング
クセ	メガネをかけていない時も、メガネを上げる仕草をしてしまう
利き手	右
好きな食べ物	ハンバーグ、アイスクリーム
好きな音楽	いろいろ聞くけれどキャラソンはけっこう好き。最近は『新生劇場版テニスの王子様』の劇中歌、『リョーマの想い 強敵(ライバル)の声』を聞く。リョーマと跡部のかけ合いを聞いていると元気が出る
好きな動物	犬、フェレット、オコジョ。胴長短足の動物が好き
好きな場所	すみっこが落ち着く
鬼リピしているモノ	伊右衛門 特茶 ジャスミン
寝相	右向き。心臓を下すると悪夢を見る気がする
よく見る夢	ゲームセンターでUFOキャッチャーの下を覗いたら、500円玉がたくさん落ちていてかき集める夢

TOKYO MAERCHEN CLUB

Shizurin

★なまえ	しずりん
★たんとう	おゆうぎ担当
★おたんじょうび	7月21日生まれ
★けつえきがた	A 型
★ついったー	shizurin_piano

★とあるお休みの1日の過ごしかた★

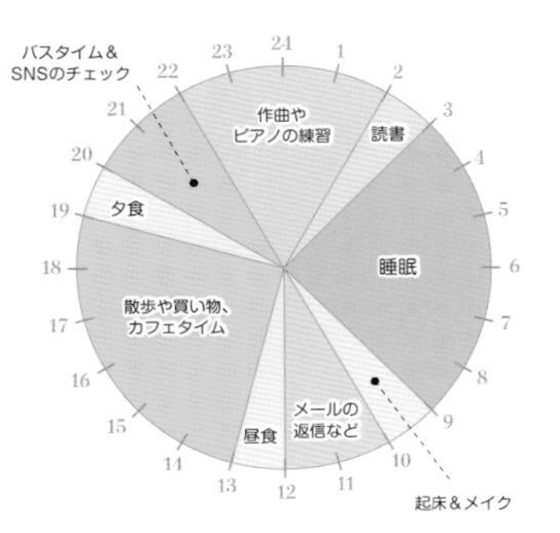

家族構成	父、母、しずりん
一人称	"わたし"
長所	面倒くさがりゆえの要領のよさ
短所	面倒くさがり
趣味	鉄棒とカスタネット
クセ	この表情をする
利き手	右
好きな食べ物	生肉、マリトッツォ
好きな音楽	『とっとこハム太郎』のキャラソン
好きな動物	げっ歯類、海の生物だとシャチ
好きな場所	人のいないカフェ
鬼リピしているモノ	カバーマークのクレンジングミルクとミネラルウォッシュ
寝相	左向き
よく見る夢	大学の単位が危ない夢。大学にないはずの習字の単位が必要だったりして焦る

たのしいデート

TOKYO MAERCHEN CLUB

To Alice

BOCCA DELLA VERI
QVI IN BOCCA VERITATIS MA
INTRODVCET SOLVM SI E
INTEGRA EXTRAHET
Alice

真実の口とは
ローマの教会にあるモニュメント
で、嘘をついている人が口に手を
入れると、かまれてしまう伝説が
あります。映画「ローマの休日」で
オードリー・ヘップバーンの
有名なシーンで
登場します。
100円!!よく当たる!!
占い
ラブ運
イタリア製
★100円玉を入れ左手
20秒
100円玉
BOCCA DELLA VERITA'

To Alice

★東京メルヘン倶楽部のコンセプトは？

しずりん　インスタでミラてゃと出会って仲よくなってから、『ハム太郎』の動画を撮って……。そんなふうにふわっと始まったので、結成当初はコンセプトをはっきり決めていなかったよね。でも最近になって、"おゆうぎ会"と"厨二病"がコンセプトなのかなと思い始めてるんだけど……あってる？

ミラ　バッチリだと思う！　中学2年生と犬でいうと3歳のユニットかな。

★音楽活動の経歴は？

しずりん　以前"drop"というグループでアイドル活動をしていて、その後音楽事務所でピアニストとして活動をしました。ピアノは2歳から続けています。

ミラ　私も子供の頃にピアノを習っていたけれど、しずりんみたいに続けられなかったな……。先生が来ると押し入れに隠れるくらいレッスンがイヤだった。

しずりん　それでボーカルに？

ミラ　バンド活動をしていた時は、最初はギター担当だった。でもあまりにもヘタだったのでボーカルになり、挙動不審だったからか「ギターを持っていたほうがいい」と言われ、イヤイヤギターボーカルになったんだよね。一番目立つポジションがイヤだから、二番目に目立てるギターを選んだのに……。

しずりん　イヤイヤだったんだ(笑)。

ミラ　そう(笑)。『テニスの王子様』と出会い、声が低いこともあって声真似をして遊んでいて。越前リョーマのキャラソンを自宅でコッソリ歌っていたのが、音楽に目覚めたきっかけかもしれない。

★活動でだいじにしていることは？

ミラ　……全年齢対象？

しずりん　間違いない！　大きなお友達から小さなお友達まで、老若男女みんなに愛されるユニットを目指したいね。

#お気に入り スナップ 見せて！

ミラ | *mila* |

mila | night parfait |
優雅で白鳥になれそうなパフェ。

mila | footbath |
しずりんと横浜から江ノ島まで歩いた後に足湯休憩。冷たいビネガードリンク付きで癒されました。

mila | sense |
しずりんがくれたお土産。センスがいい。

mila | yoyo |
一時期友人とハイパーヨーヨーの大会を目指していた時に、友人と買いあさったヨーヨーたち。

mila | !!!!! |
しずりんのご両親に挨拶しに行きました。何もかもが素敵すぎて言葉にできません。

mila | chari |
自転車に乗れないけど乗れた気分を味わわせてくれました。友人に感謝。

mila | dog |
信じられないかもしれませんがミニチュアダックスフンドです。

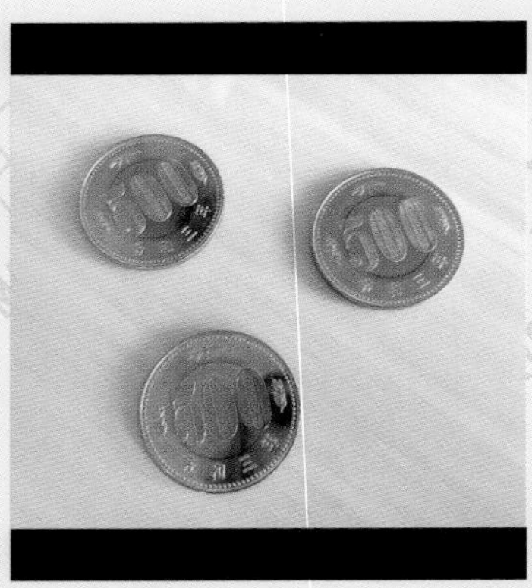

mila | 500 |
友人が両替してくれた令和三年の500円玉。小さい頃から500円玉が大好きで夢にまで出てきます。

mila | Oscar |
手のひらに乗らせていただきました。

#しずりん | *shizurin* |

shizurin | hamu hamu |

ねんどろいどハム太郎！　サイズ感が超ハムスターなので、ロコちゃん(ハム太郎の飼い主)の気持ちになれてお気に入りです。

shizurin | mila sama |

私が撮ったミラ様、特別にみんなにも見せてあげるね！　お礼はマリトッツォ300個くらいでいいよ。美味しそうに食べててかわいいね。

shizurin | animals |

リハ中のどうぶつさんたち。冗談抜きでどうぶつさんのままスタジオでリハをしています。いやどうぶつさんだからそれはそうか……。

shizurin | oroC |

世界で一番好きな飲み物。インスタライブをする時は必ずオロCでみんなと乾杯しているよ♡

shizurin | maritozzo |

マリトッツォが好きすぎて最近マリトッツォの曲を作り始めました。動物性の脂肪分の多い生クリームが特に好きです。

shizurin | birthday |

おたんじょうび会の思い出。白いお花はなんとミラ様から……！　イケメンすぎ(泣)。ファンの方からはお花の他にめちゃかわケーキもいただいたんだよ♡

shizurin | flower wall |

今回の撮影で存在を知ったフラワーウォールというものがかわいかったので、おうちの壁をこれにしたくて今作ってみています！

shizurin | thx |

天才画家による、出版社の小川さんとライターの千葉さんの似顔絵。素敵なフォトブックを作ってくださって本当にありがとうございました泣。

shizurin | Parfait ♡ Girls |

推し(しらいちゃん)のチェキ。天使。この世の奇跡。全人類「Parfait♡Girls」で検索してください(布教活動)。

#MeToo
#MeToo
#MeToo
#MeToo
#MeToo
#MeToo

#MeToo

★お互いの印象は？

しずりん　ミラてゃは見た目も綺麗だし天才肌。もちろん努力もしているけれど、声質や歌唱力、画力だったりギターの技術だったり、持って生まれた才能もあると思う。でも本当にすごいのは、これだけ才能があって綺麗なのに謙虚なところ！　私がミラてゃだったらいばり散らしているから(笑)。そんなミラてゃの謙虚な姿勢は見習わないとなぁ……。

ミラ　しずりんはいつも褒めてくれるなぁ(照)。しずりんと初めて会った時は、かわいくてフワフワしていて、「天然系の子かな」と思っていたんだよね。でも実際はすごくしっかりしていて、真面目で努力家で、ピアノもうまくて……。あと一番驚いたのは鉄棒かな。こんなに華奢なのに、ぐるぐる回れるとかすごいよね。

しずりん　鉄棒ができてもあまり得をしたことはなかったけれど、メルヘン倶楽部で動画を撮れて、初めて役立った(笑)。

ミラ　前から好きだったの？

しずりん　小学生の頃は好きだったけど、中学に入ってからは全然やっていないかな。でも、公園とかで鉄棒を見つけたら、たまに回ったりはしているよ。

ミラ　あとはイラストの才能も越えられない壁がある。あれは誰にも真似できない。本当にすばらしいアートなので、個展を開いたほうがいい。

しずりん　ふたりでやりたい！　ミラてゃの個展で、バンクシーみたいに私がどこかにイラストを描いておくのはどう？

ミラ　それだ！

★お互いに対して言いたいことはある？

しずりん　あえて言うなら……ミラてゃは自分のことを「天然じゃない」って言うけど、絶対天然だと思う。

ミラ　そっかぁ……。たまに“不思議ちゃん”扱いをされることはあるけど、不思議ちゃんと天然は違うの？

しずりん　近いかな。「天然でも不思議ちゃんでもないか」と言われたら、天然であり不思議ちゃんではあるかな。でも人に好かれる要素だと思うよ。

ミラ　じゃあいいか(笑)。でも、かなりヌケているからしずりんにはすごく迷惑をかけているかも。

しずりん　そこがかわいいんだよ！　普段は天然だけど、歌った時はめっちゃカッコよかったりキレイだったりするギャップに、みんなが惚れちゃうんだよ！

ミラ　ありがとう！　私がしずりんに言いたいのは、結構無理をするので、「マジで無理しないで！」ということかな。いつも“大丈夫大丈夫詐欺”だからね。

しずりん　前にそう言われてから、いろいろミラてゃにお願いするようになったよね。「いいよ私がやるよ」から、「ミラてゃこれやって！」に変わった。

ミラ　いいよ、もっとして！　「大丈夫大丈夫」って言いつつ具合が悪くなったら全然大丈夫じゃないからね。

しずりん　そこは私の中でも、ミラてゃと出会ってすごく大きく成長できたところだと思っているんだ。自分ひとりで抱えてキャパオーバーになったら、いろいろな人に迷惑をかけちゃうから。適度に自分の容量を知るのも大事なことだということを学んだんだよね。

ミラ　しずりんはがんばり屋さんだなぁ

#ミラ

#バッグの

1 Vivienne Westwoodの財布。一部少しはげてしまい落ち込んでいる　2 東京メルヘン倶楽部のしずりんのチェキ。推してます　3 ビタミンDを摂取し日光を浴びた気持ちになっている　4 ANESSA／パーフェクトUV スキンケアミルクミニ。この香りを嗅ぐと小さい頃よく海に行っていたことを思い出す　5 点鼻薬のナザール スプレー。これがないと鼻で息を吸えない。寝る前とライブ前は必ず使用します　6 予備の点鼻薬、タイヨー鼻炎スプレー アルファ。これが一番お気に入りだけどあまり薬局で売っていない　7 L'OCCITANEのハンドクリーム チェリーブロッサム。桜の香りがとても安らぎます　8 Vivienne Westwoodのアクセサリー。推しからもらったクリスマスプレゼント。うれしすぎてほぼ毎日つけている。宝物　9 ITS'DEMOのエコバッグ。かなり使い込んでいるがゆえ、少しくすんでしまったカービィ　10 日光が苦手なので必須アイテムです。綺麗にたためなくて悩んでいます　11 ITS'DEMOのコンパクトなミニポーチ。手のひらサイズでピンやヘアゴムを入れている　12 バレンタインデーにお姉様からいただいたGODIVA×すみっコぐらしのポーチ　13 RMK ／エアリーパウダーファンデーション／201。お肌にやさしいので愛用中です　14 ディオール アディクト リップ グロウ オイル／ペールピンク。ほんのりナチュラルカラーでとても唇が潤う。愛用中です　15 インテグレート／アイブローペンシル／GY941。どの髪色でも合う。お気に入りの色　16 Picomonte／ビューティフルライナー／ブラック。細くて書きやすい。下まつ毛がほぼないのでこれで書いています　17 ハロウィン仕様のカービィのヘアクリップ。顔を洗う時に愛用しています　18 ITS'DEMO の星のカービィ アイシャドウパレット。かわいい＆とても使いやすい。ピンクと茶色系の色がお気に入り

なかみ見せて！

#しずりん

1

2

3

4

5

6

7

8

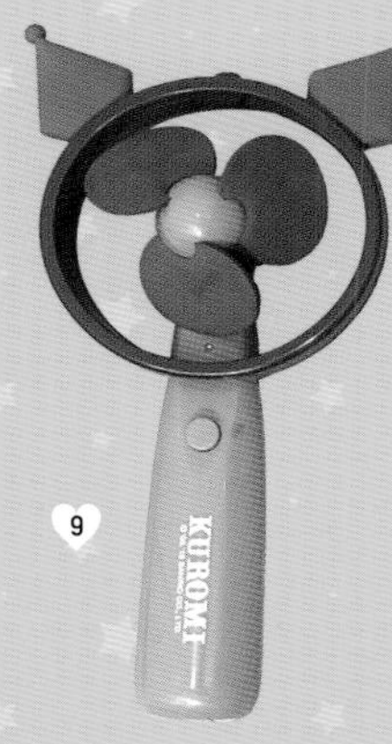

9

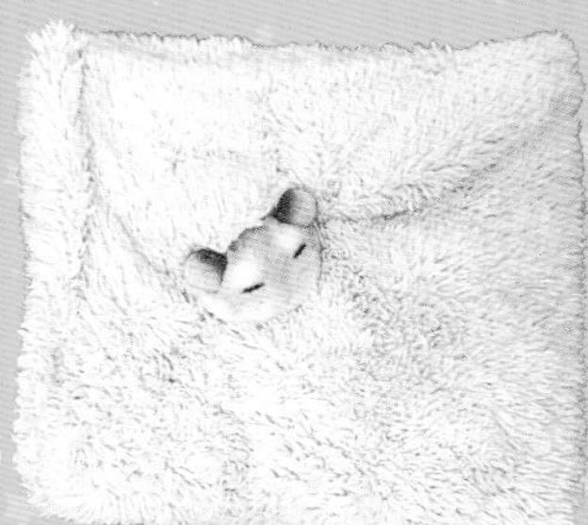

10

11

小さいバッグの時は
キーケースとお財布、スマホ、
ハンカチだけ入れています！

1 Dear Merryのめちゃ薄型のミニ財布です。荷物をとにかく少なくしたい派なので、非常に助かっています。デザインもかわいくてお気に入りです　2 ハーモニーランドで買ったクロミちゃんのポーチです！　かわいいねえええええええ！　3 iPhone＆ケース。推しのしらいちゃんと撮ったプリクラが挟まっています。撮影するためにガムテで固定したら、ケースの柄が剥がれてしまいました。無念　4 CHANEL／ルージュ アリュール ラック リクィッド リップカラー／63アルティメット。Twitterで流れてきたのを見て購入したのですが、色落ちしないし大人っぽいカラーで垢抜けるし最高でした。Twitterはすごい　5 くし。綺麗な前髪ぱっつんを保つための必需品です。6 KOSE／サンカットR プロディフェンス トーンアップUV スティック。スティックタイプの日焼け止め、便利だよねぇ。サッと塗りなおせるので、面倒くさがりな私的には非常にありがたいです！　7 ロキソニン。強めの頭痛持ちなので、必ずポーチに入れています。いつも助けてくれているロキソニンにラーメンとか奢ってあげたい　8 JASANOの日傘。ボタンを押すと「シュバッ」って開くのがかっこよくてめちゃ気に入っています　9 サンリオのハンディファン。暑いので今年は手放せません。安定のクロミちゃん♡　10 ハンカチ。ハムスターが埋もれていてかわいいねぇ！　げっ歯類が好きです　11 Dear Merryのキーケース。とにかくよく物を失くすのですが、鍵もPASMOもこれに入れているため、失くすと終わります。気をつけます

一緒にお買い物中「これミラてゃ似合い
そう！」としずりんに褒められ即購入。
チョロい。じつはおそろい。

なんとなく自分に似合いそうだ
と思って通販で購入。

“F.i.n.t”のブラウス。ポムポムプリンが描
かれているリボンとポムポムプリンの垂
れ耳のような衿に一目惚れし購入。

ダメージパンツにさらにダメージを加え
たパンツ。破きすぎて一度母に縫い直さ
れている。

しずりんが間違えて同じ服を購入し
たとのことで、もらったお洋服。肩出
しかわいい。おそろいうれしい。

小さい頃ハワイのスーパーで見かけて
買ってもらったTシャツ。任天堂ヲタク
テンション爆上がり。

しずりんと秋葉原
デートした時に購
入。推しを身に纏
える至福。

サンリオショップで購入。
スケボーを乗りこなすシ
ナモンくんに一目惚れ。

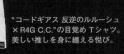

“コードギアス 反逆のルルーシュ
× R4G C.C.”の目覚め Tシャツ。
美しい推しを身に纏える悦び。

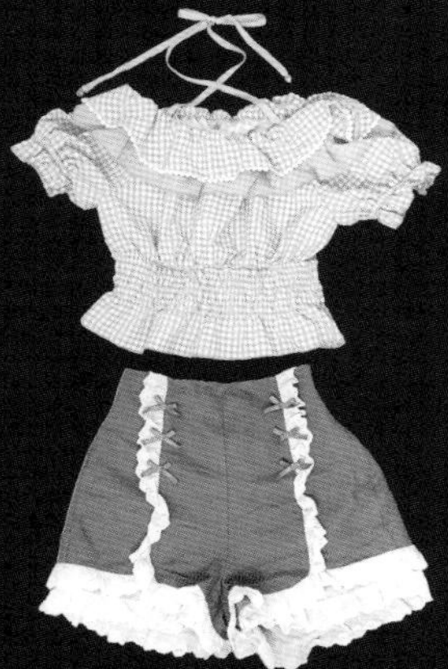

“pium”のトップスとショーパン。多分この夏一番着ました！　動きやすいしかわいいし露出多めでとても夏♡

“PrincessMelody”のブラウスとスカパン。「めめてゃみたいでかわいい！」と思って一目惚れして購入しました。

“DearMyLove”のクロミちゃんコラボのワンピースとハーネス。ピューロランドに行く時は必ずクロミちゃんコーデで♡

天才的にかわいいおたんじょうび会のお衣装！　ぼんぼんがチラ見えするので、これを着るために２日間腹筋をがんばったよ！

“Ank Roug”のトップスとスカート。私はこの形のお洋服が好きなんだと思います。ふんわりスカートに厚底が一番盛れる気がする。

“oyasumi”の羽やすめトレーナー。おたんじょうび会のお衣装もこのお洋服も、“oyasumi”のみづきちゃんが作ってくれたんだよ！

メルヘンおゆうぎ会vol.1 Tシャツ。ナチュラルのお色のSサイズに、チェックのミニスカートを合わせているよ。

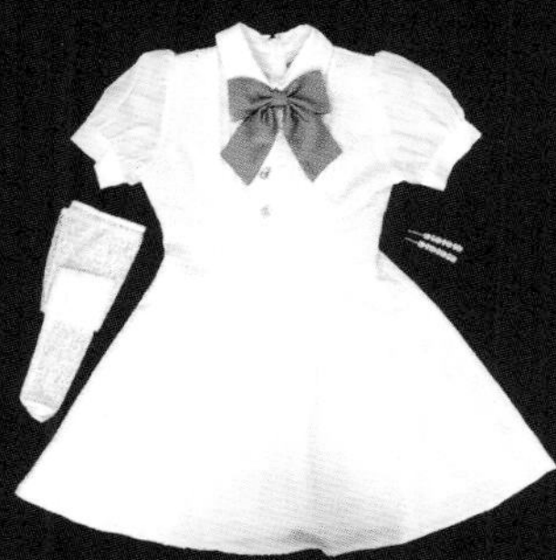

“Ank Rouge”のワンピース。魔法少女みたいなお洋服～♡ヘアクリップとレースのソックスは推しのしらいちゃんからいただいた家宝です。

こちらは通常のお衣装。真っ白でスカートがふわふわで、とってもフェアリーなお洋服です！　後ろにはおっきいおリボンがついてるんだよ♡

しずりんおめでとうTシャツ。ピンクのXLサイズをワンピースみたいに着て、フリフリの襟を合わせているよ。

いとしいデート

TOKYO MAERCHEN CLUB

浅草寺
寺務所

浅草
西参道
三社
西参道
浅草神社
防犯カメラ作動中

花本
車
進入

国産
鰻
焼おにぎり
500円
浅草名物

photo by しずりん

photo by ミラ

★浅草デートロケはどうだった？

しずりん　花やしきのメリーゴーランドが楽しかったな。メリーゴーランドに乗っているところを撮ってもらう機会がなかったので、すごく貴重だった。

ミラ　花やしきだったら、私は“壁ドン”かな(笑)。かわいい女の子に壁ドンされたことがなかったので、かなりテンションが上がった。

しずりん　観光地だけど人出も多くなくて、非現実的な感じがしたよね。

★普段ふたりで出かけることはある？

ミラ　最近あまり遊べていないね。

しずりん　東京メルヘン倶楽部を始めてからは、会うことは多いけれど、遊びに行く機会は減っちゃったね。

ミラ　またふたりでどこかへ行くとしたらウォーキングがしたいな。前にしずりんと横浜駅から江ノ島まで歩いたけど、あれが私のウォーキング最長記録。途中コンビニで休憩しつつ半日かかった。

しずりん　私は、ふたりでディズニーランドで遊んだことがないから行きたい！

ミラ　私はディズニーシーがいいな！

しずりん　わたしはランドに行きたい！

ミラ、しずりん　！　じゃんけん――。

ミラ　負けた……現地でバイバイ？(泣)

しずりん　お泊まりして両方行こうね♡

ミラ　頭がいい！

★ふたりでお泊まりしたことは？

ミラ　しずりんの実家にお泊まりさせてもらったことがあるよね。しずりんパパがずっと正座で『みんなのGOLF』を遊んでいたのが印象的だった。すごく姿勢がよかったな……。しずりんのおもしろ要素のルーツを見た気がしたよ。

しずりん　綺麗な子が来たから緊張していたんだと思う。

ミラ　しずりんママの手料理が食べられなかったから、また行きたいなぁ。

2022.06.20

@SHIBUYA STAR LOUNGE

TOKYO MAERCHEN CLUB | MAERCHEN OYÚGI KAI

東京メルヘン倶楽部 初ワンマンライブ

メルヘンおゆうぎ会

@渋谷スターラウンジ

[PERFORMER]

Vo,Gt, Castanets: ミラ
Pf,Cho,Castanets: しずりん

Gt: ウサギさん
Ba: ネコさん
Dr: プードルちゃん

[SET LIST]

1. ラジオ体操 厨二
2. V系っぽいハム太郎
3. チョキ×3
4. 犬だと思ってね
5. メルヘンえかきうた（ミラ）
6. メルヘンえかきうた（しずりん）
7. もう何のせいか分からない香水
8. 薔薇は美しく散る
9. ムーンライト伝説
10. ハム太郎とっとこうた
11. GLAMOROUS SKY
12. 途中からV系っぽくなるおべんとうばこのうた
13. 闇堕ちむすんでひらいて
14. 闇堕ちこぶたぬきつねこ
15. ヤマハV系音楽教室
16. メルヘン
17. ありがとう10000のフォロワー（Star lounge ver.）

EN1. TOTTORI ～take a bird.～
EN2. 闇堕ちいぬのおまわりさん
EN3. 眠らせる気の無いねむれねむれ

CP

CP

YAMAHA CP

YAMAHA CP

★初ワンマンライブはどうだった？
しずりん　幅広い層のお客さんが来てくださってうれしかったな。いろいろな方が集まってくれたことで幼稚園のようなごちゃごちゃ感が生まれて、まさに“おゆうぎ会”だった！
ミラ　声だしができないのでどう盛り上げようかと思っていたけれど、みんなが手遊びを一緒にやってくれて。配信ライブでは反応を文字でしか見られなかったので、生の反応はうれしかったな。
しずりん　どうぶつさんも迫力があったね。我々の人気が奪われそう。
ミラ　……危機を感じる。もう裏で乗っ取り計画が始まっていたりして。気付いたら私たちも、ハムスターさんとオオカミさんにされてるかも!?

★曲作りの担当は？
しずりん　いまのところ曲はすべて私が作っているけれど、歌詞はミラてゃが書くこともあるよね。曲の完成がギリギリになりがちなので、結局曲を作りながら歌詞も書くことになっちゃう。
ミラ　両方できるのがすごい。
しずりん　それをすぐに歌えるミラてゃもすごいよ！『メルヘン占い』の長い歌詞とかはたいへんだと思う。
ミラ　いままでは呂律回らない系のボーカリストだったので、『メルヘン占い』の歌詞に鍛えられて呂律回る系ボーカリストに近づいてきたよ。感謝(笑)。
しずりん　あとは、ミラてゃが作る曲もみんな楽しみにしてるからね！

★今後のライブへの意気込みを！
ミラ　ピアノと歌の音楽ユニットというていではありますが、カスタネットを使ったりしずりんも歌ったり、私がギターを弾いたりと。いろいろな形の“おゆうぎ会”を作っていきたいです。
しずりん　コロナ禍の中、どうしたら声出しをしなくても楽しんでもらえるのかを考えながら曲を作っています。みんなでおゆうぎできる振り付けを作ったりと、何かお客さんにアクションを起こしてもらえるようなことを考えているので、楽しんでもらえたらうれしいです。

★今後挑戦したいことは？

ミラ　アニメのPVを作ってみたい。神絵師の方にPVを制作してもらって、楽曲を作る野望がある。自分のイラストを描いてもらうことが好きなんだよね。SNSでイラストを描いてくださっている方を見つけると、テンションが上がっちゃう。

しずりん　私は、メルヘン倶楽部としてはZeppのような大きな会場でおゆうぎ会をしたい！　個人的に挑戦したいのは、ダイビングライセンスを取ること。海が好きなのでシュノーケリングは経験があるけれど、もっと深く潜ってみたい。

ミラ　私の個人的な野望は、しずりんのようなかわいいメイドさんを雇いたい。やる気がでないと掃除ができなくて散らかり放題なので、お手伝いしてほしい。

★ファンへのメッセージを！

しずりん　いつも東京メルヘン倶楽部を応援してくださってありがとうございま

す。東京メルヘン倶楽部のファンの方は、本当にやさしい人が多くてすごく甘やかされています。甘えすぎないようにしつつ、これからもみんなを楽しませられるようにがんばります！

ミラ　いつも応援してくださりありがとうございます。SNSに応援のコメントやイラストを投稿してくれたり、会場に遊びに来てくれたり、本当にうれしく思っています。みなさんのやさしさが自分の支えになっていて、がんばることができています。抜けている部分は多いですが、しずりんが助けてくれて……あれ、しずりんの話になってるな(笑)。

しずりん　私も抜けてるから、お互い補い合えるね。

ミラ　こんなふうにしずりんがやさしいがゆえに、みなさんのようなやさしい方が集まってくれて、穏やかに活動ができております。本当にありがとうございます。これからもよろしくお願いします。

mo Tokyo／嶋田美咲／染谷かおり／半田怜那

ルヘン倶楽部）／新紀元社

区神田錦町1-7　錦町一丁目ビル2F
03-3219-0922
.jp/

ングプレス

します。

[東京メルヘン倶楽部 公式アカウント]

YouTube : https://www.youtube.com/c/TOKYOMAERCHENCLU

TikTok : tokyo_maerchen

Instagram : tokyo_maerchen

Twitter : TOKYO_MAERCHEN